LES CIEUX

LA TERRE ET L'HUMANITÉ

PAR

UN ANCIEN FABRICANT DE LYON

LYON,
IMPRIMERIE D'AIMÉ VINGTRINIER
Quai Saint-Antoine, 35

1859

LES CIEUX.

Dernier terme de la souffrance,
But suprême de l'espérance,
O vous dont la toute-puissance
Fixa de toute éternité
Les lois de l'immensité,
Le cours de toutes les planètes,
Des étoiles ou des comètes,
Et de chaque constellation,
Dont le nombre incalculable
Et l'ordre encor plus admirable

Confondent l'imagination
Dans le temps comme dans l'espace
Du plus grand jusqu'au plus petit
De tous les corps marquant la place
D'avance traça le circuit.
Planant au dessus des orages,
Plongeant dans le torrent des âges,
Aux êtres de tous les mondes,
Soit par siècle soit par secondes;
Vous qui donnez à tout la vie,
De ces mondes où tout est vie
La vie sans cesse rajeunie,
Par votre souffle rafraîchie,
Du feu le plus éclatant
Et de l'amour le plus brûlant
Toutes les âmes consumées,
Par leur foi, par leur ardeur
De plus en plus enflammées
Dans l'ivresse de leur bonheur,
Partout font éclater la vie
Sous une forme nouvelle;
Où de l'âme, où du génie,
Partout la flamme étincelle
   Brille, pétille
   Ou scintille ;
Parmi les contours radieux

De tous les astres lumineux
Apparaissant fugitives.
Au milieu d'une nuit d'été,
Formant des traces indécises
Par leur vacillante clarté,
Allant s'unir aux archanges,
Dans le plus pur azur des cieux,
Aux saints, aux élus et aux anges,
A tous les chœurs des heureux,
Célébrant tous les louanges
Dans un concert perpétuel,
Du chant le plus solennel,
De Dieu la toute-puissance,
La justice et la bonté,
Dieu d'amour et de charité
Consolant enfin la souffrance
De la foi, de l'espérance
Par toutes les splendeurs du ciel
Et par un bonheur éternel.
Grand Dieu que vous êtes puissant,
Grand Dieu que vous êtes juste,
Grand Dieu que vous êtes bon !
Aussi puissant que vous êtes juste,
Aussi juste que vous êtes bon,
Grand Dieu, grand Dieu que vous êtes puissant!

LA TERRE.

La Terre
Dont la poussière
Vole au caprice des vents ;
Dans ses entrailles, à sa surface
Et dans les flots des océans,
Sur les monts, comme sur la glace
Depuis leurs plus hautes cimes
Jusqu'aux profondeurs des abîmes ;
Au sein des tourbillons brûlants
Des sables les plus mouvants
Et de la fraîche matinée
Même les gouttes de rosée
Des êtres la foule innombrable
Qui vivent dans les éléments,

Dans une lutte épouvantable
Se disputent leurs aliments.
Depuis l'insecte imperceptible
Au monstre le plus horrible,
Jusqu'au lion rugissant,
Tous entre eux se dévorant,
Et dans cet affreux mélange,
Tour à tour métamorphosés,
Dans l'eau, dans l'air ou dans la fange
Dispersés ou décomposés,
En poussière ou en lambeau:
Viennent fournir à la nature
La substance des végétaux,
Et la charmante parure
De plantes, de fruits et de fleurs
Unissant partout avec grâces
Leurs séduisantes couleurs,
A celles de toutes les races
Des différents animaux,
De l'air, de la terre et des eaux ;
Jusqu'à la moindre exigence
Suffisant à tous les besoins,
La divine Providence
Par les plus admirable soins
Satisfaisant tout à la fois,
Soumet l'univers à ses lois,

Imposant à l'humanité
Le devoir et la volonté
De travailler avec patience,
A soutenir l'existence
De toutes les facultés
Et les brillantes qualités
Du corps, de l'esprit et du cœur,
Et par la munificence
Du tout Puissant-Créateur,
Dans la pensée, dans la conscience
L'âme reçut la liberté,
Et pour toute reconnaissance,
A tant de magnanimité
Ne demandant au genre humain
Que sa parfaite obéissance,
L'amour de Dieu et du prochain.
Mais hélas! sur la terre,
Asile de tant de misère,
Séjour du crime et du malheur,
De la joie et de la douleur,
Il faut que toute âme humaine
Devant la pensée souveraine
De l'arbitre de son sort,
Après une longue agonie
Pour arriver à la vie
Soit purifiée par la mort.

L'HUMANITÉ.

Ainsi dans la demeure de l'homme,
Pour tout ce qui l'environne
Après la vie, c'est la mort,
Et les jours que Dieu lui donne
Passent avec rapidité,
Entre la vie et la mort,
La maladie et la santé,
Entre la vertu et le vice,
Les plus coupables ambitions,
Entre l'orgueil et l'avarice,

Les plus cruelles obstinations,
Entre le luxe et la paresse,
L'oisiveté, la mollesse
Les excessives voluptés,
Les raffinements de la table
Et l'accroissement effroyable
De toutes les vanités.
Entre les rages de l'envie
De la colère, du remord
Et l'infâme hypocrisie
Du culte effréné du veau d'or;
Entre la noire ingratitude,
Le mensonge, la duplicité,
La touchante sollicitude,
La franchise et la loyauté;
S'éloignant des mœurs antiques,
Tempérance, frugalité
Et des habitudes rustiques
Dédaignant la simplicité,
Dans les élans les plus sublimes
Du courage et de la valeur
S'élevant jusqu'à l'héroïsme
Du sentiment et de l'honneur;
Puis se livrant à tous les crimes
Du faux zèle et du fanatisme
Avec une égale fureur.

Par le meurtre ou par l'incendie,
Par la ruse ou la perfidie,
Par le fer ou par le poison
Et dans une ardeur homicide
Allant jusqu'au parricide
Au parjure, à la trahison.

Mais à l'aspect de tant de maux
L'âme saisie d'épouvante,
Après de si longs travaux
S'arrêtant toute tremblante,
Au lieu de suivre la route
Tracée par le divin Sauveur,
Au lieu d'invoquer son appui
Toujours entraînée par le doute,
La concupiscence et l'erreur,
En convoitant le bien d'autrui
Par les plus monstrueux abus
Et s'écartant de plus en plus
De son devoir et de la foi,
Manquant de respect à la loi
Et à l'amour du prochain,
Abandonnant le genre humain
Aux plus dangereuses folies,

Des jeux et des spéculations,
Aux plus criminelles orgies
De tous les genres d'ambition,
Aux plus odieux stratagèmes
De tous leurs calculs trompeurs,
Des fictions et des systèmes,
De leurs prospectus menteurs
Et dans leur ardente ivresse
Et l'impatience de leurs désirs
N'adorant plus que la richesse,
La fortune et les plaisirs.
Du faste et de ses jouissances
Eblouissant leurs regards,
Affrontant toutes les chances
De la bourse et de ses hasards;
De leur rêve chimérique
Semant partout la fausseté,
A l'aide du fil électrique
Trompant la crédulité,
Des aliments et des boissons,
De la vigne et de ses doux fruits,
De la nature et des moissons
Falsifiant tous les produits,
Et de toutes ces inventions,
De ces affreuses conceptions
Chacun exploitant le secret

Dans le plus sordide intérêt ;
Multipliant les loteries
Et par d'indignes moqueries
Offrant parmi les trésors
Des prières ou des lingots d'or.
Sans aucun respect pour les âges,
Du lucre n'ayant que la passion,
Et concluant les mariages
Prosternés devant un million,
Et de leurs nombreuses victimes
Fixant le sort à prix d'argent,
Actions, obligations ou primes
Vendant l'avenir au présent ;
Et les savants économistes
Voulant régler la production,
Et les vertueux moralistes
Plaçant dans la consommation
La suprême félicité,
Et par leurs doctrines impies
De concurrences infinies
Empoisonnant l'humanité.

Mais la divine Providence,
Les yeux tournés sur le cadran,

Donnant, ou tranchant l'existence
Le jour même ou à l'instant,
En tous lieux, à chaque distance,
Entre la peine et le plaisir,
La faute et le repentir
Maintenant toujours la balance,
Pesant les crimes des humains
Par leurs passions ou par leurs vices,
En les punissant de leurs mains
Et les chargeant de leurs supplices,
Ou de leur propre châtiment
Dont ils sont l'aveugle instrument.
Entendez les plaintes amères
Et tous les cris de la douleur,
Voulant abolir les misères ;
Mais où donc est le bonheur ?
Ne le cherchez pas sur la terre,
C'est le séjour de la mort,
De la terrible jalousie,
Partout à côté de la vie
Vous ne trouverez que la mort.

Le cœur alors plein d'amertume,
Effrayé de tant d'infortune,

Le cœur, hélas! allait périr
Et perdre jusqu'à l'espérance
Si l'espérance pouvait mourir;
Mais la souveraine puissance
N'abandonne pas les bons cœurs,
Toujours au remords secourable
De leurs crimes ou de leurs erreurs
Elle relève les pécheurs;
Dans ses desseins impénétrables,
Remontant à la création,
De la vie patriarchale,
De la royauté pastorale
A la plus ancienne nation,
Depuis la glace antarctique
Jusqu'à celle du pôle arctique
Suivant les zones et les climats,
Jugeant les hommes pas à pas,
Depuis les hideux sacrifices
De chair et de sang humains
Offerts aux idoles, aux déesses,
Par des prêtres ou des prêtresses,
Dans les plus atroces supplices
Et les immolant de leurs mains.
Les scènes de cannibales
Les honteuses superstitions
Et toutes les saturnales

De tant de fausses religions,
Des castes et des tyrannies
Le despotisme abrutissant,
Des cultes et des cérémonies
Le joug encore plus dégradant,
De toutes les races tartares
Tour à tour s'entre-choquant
Avec les peuples barbares,
Dans les fables du paganisme
Du brahmine ou du boudhisme
Peu à peu se confondant
A la suite des conquérants
D'Europe, d'Afrique ou d'Asie
Ivres de férocités,
De massacres et de frénésie
Faisant crouler les empires,
Les trônes et les cités,
Et s'étendant toujours pires,
Leurs formidables invasions
De la puissance romaine
En augmentant les divisions
Sous l'effort de la barbarie,
Dans la discorde et dans la haine
Ecrasant le monde payen,
Abandonnant l'idolâtrie,
Se faisant baptiser chrétien,

Tandis que des races de Maures
De Turcs et de Sarrazins
Plus formidables encore
Et de plus en plus assassins,
Renversant tout sur leur passage
Après la chute de l'Occident
Viennent plonger dans l'esclavage
Les restes de l'empire d'Orient,
D'un culte farouche et sauvage
Envers la femme et les enfants
Imposant à tous l'outrage
Grecs, Africains ou Persans,
Cédant à la persévérance
Des héroïques croisés,
Les lieux saints un jour délivrés
Retombent sous leur puissance
Et de leur joug détesté
La fanatique ignorance
Pèse encore sur la chrétienté.

Ouvrant une large carrière
A la rapine, aux meurtriers,
Dans un nouvel hémisphère
Des peuples d'aventuriers

Se frayant partout une route,
Aspirant à l'empire des mers
A l'aide de la banqueroute
Voulant posséder l'univers,
Cumulant par avidité
L'esclavage et la liberté

Mais, hélas ! dans le vieux monde,
La division la plus profonde,
Les restes de féodalités
Les schismes et la papauté,
Les buchers de l'inquisition,
L'esprit de la domination,
Dans des guerres interminables,
Dans des dissenssions implacables
Par des révolutions sanglantes,
Par la hache et par les bourreaux,
Par des terreurs menaçantes
Et par d'horribles échafauds,
Luttant avec la royauté,
Bouleversant la société;
Par les boulets et la mitraille,
Sur tous les champs de bataille
Des torrents de sang versés,

Des ossements entassés
Par la vengeance et par la haine
Au nom de la religion des principes et des libertés
Annonçant la fin prochaine
De toutes les nationalités.

Mais au plus fort de la tourmente,
Comme en le temps d'Israël,
Toujours l'âme pénitente
Trouve grâce devant l'Eternel,
En lui adressant la prière
Notre père qui êtes aux cieux.
Aimant son prochain comme un frère
Sur la terre ou en tous lieux ;
Heureux qui travaille et qui prie,
Plaçant en Dieu tout son espoir
Et dans les peines de la vie
Heureux l'homme qui fait son devoir.
Pour l'enfance et pour la jeunesse,
Heureux les dignes professeurs
Ne consultant que leur tendresse,
Par l'étude et par le savoir
Formant leur esprit et leur cœur
Dans l'amour et dans le devoir ;
Salut au brave militaire,

Salut aux nobles sentiments,
Dans la paix comme dans la guerre,
Honneur aux beaux dévouements,
Honneur au modeste savant
Elevant toujour sa pensée
Non pour la vaine renommée,
Ni pour la gloire, ni pour l'argent,
Mais pour éclairer la conscience ;
De ses veilles et de sa santé,
De ses recherches, de sa patience
Faisant jouir l'humanité.
A la sœur hospitalière
Au chevet de l'homme souffrant
Du malade ou du mourant,
Par ses soins, par sa piété
De l'âme et de la prière
Ne gênant pas la liberté.
Du commerce et de l'industrie
Les œuvres d'art ou de génie
Dans la chambre ou sur le métier,
Dans la boutique ou l'atelier,
Par le travail ou par la science
Chacun suivant sa vocation,
De la plus haute intelligence
A la plus humble profession,
De la plus austère bonne foi

Se faisant une sainte loi,
Sans flatterie ni bassesse,
Envers les grands ou le pouvoir,
Pas même envers la richesse,
Que chacun fasse son devoir.
Mais déjà la nue se colore,
Voici le lever de l'aurore,
Eveillez-vous, hommes des champs ;
Que du cœur la courte prière
N'attende pas la lumière.
De l'astre aux rayons bienfaisants ;
Allez admirer la nature
Dans tout l'éclat de sa parure ;
Chantez, vous êtes au printemps ;
Auprès d'une douce compagne,
Dans les villes comme à la campagne
Il est encore de beaux moments,
Dans les joies pures de la famille,
Près de sa mère ou de sa fille,
Ou de son père ou de sa sœur,
Auprès de ses fils ou d'un frère
N'oublions pas le vieux grand-père
Et surtout les petits enfants,
De leurs âmes toutes divines
Et par leurs grâces enfantines
Faisant le charme des vieux ans.

Que les humains de tout âge,
Sans aucune distinction
De fortune ou de condition,
Dans les salons comme au village,
Dans tous les rangs confondus,
Ne brillant que par leurs vertus,
Par l'esprit et la politesse,
Dans l'espérance d'un revoir,
Et par l'exquise délicatesse
Du sentiment et du devoir ;
Cultivant l'art et la musique
En adressant un saint cantique
A la gloire du Seigneur
Puissent gagner la récompense
Que la divine Providence
Accorde au bon serviteur.
L'âme toujours imaginaire
Pour admirer l'auguste image
De l'homme dans la force de l'âge,
Donnant l'exemple du sacrifice,
Par le plus horrible supplice
De la passion et de la croix
Etait arrivée au calvaire
Aux pieds de Jésus expirant;
De Dieu la parole et la voix
Par le cri le plus déchirant,

Et ne demandant à son père
En expiant la cruauté
Que le pardon de son frère,
L'amour et la charité,
Stabat, mater dolorosa,
Juxta crucem lacrymosa
Dum pendebat filius.
O adorable Trinité,
En présence de telles douleurs,
Ce n'est pas assez de nos pleurs,
De nos passions et de nos vices,
Par nous offerts en sacrifice,
De toutes les gloires humaines,
De toutes les pompes mondaines,
En confondant la vanité,
Daignez par le christianisme
Dans toute sa pureté
Et, faisant grâce au judaïsme,
Donner par la charité
La paix à l'humanité,
Et que l'âme, en cette vie,
Vous adorant toute la vie
Puisse dans une autre vie
Vous adorer après la mort.